Enid Artursdottir

# Zulassung der Berufung

Enid Artursdottir

# Zulassung der Berufung

## Verwaltungsrechtsstreit

Trainerverlag

**Imprint**



Cover image: www.ingimage.com

Publisher:
Der Trainerverlag
is a trademark of
International Book Market Service Ltd., member of OmniScriptum Publishing Group
17 Meldrum Street, Beau Bassin 71504, Mauritius
Printed at: see last page
**ISBN: 978-620-0-76957-2**

Inhaltsverzeichnis:

## I. Gesetzwidrigkeit:

### 1. Erstes Schreiben[1]:

Schade, dass auch die Erfahrung der Willkür in der BRD machen mussten. Dies passiert leider zur Zeit. Es wurde Ihnen wahrscheinlich an vielen Stellen bewusst, dass selbst wenn Sie richtig gehandelt haben, es sein kann, dass Sie trotzdem kurzfristig nicht Ihr Ziel erreichen können.

Ich habe bewusst kurzfristig geschrieben. Denn wenn Sie Ihren Antrag richtig ausgefüllt, über Ihre Vorfahren bis vor 1914 abgeleitet haben, die Behörde Ihre Unterlagen angenommen hat, dann haben Sie rechtlich gesehen, Ihre Abstammung glaubhaft gemacht. Nur dass sich die Behörde willkürlich verhält und gegen das RuStAG, das heutige sogenannte StAG handelt. Denn dort steht in § 30, dass nur der Staatsangehörigkeitsausweis der sichere Nachweis ist. Und dieser Nachweis ist nicht über ein windiges Verwaltungsgerichtsurteil über ein sogenanntes Feststellungsinteresse abzuweisen.

Viele Landräte und Landratsämter handeln kriminell, gegen das Gesetz.

[1] 19.08.2020

Aber die Zeiten ändern sich. Vielleicht noch nicht für Sie sichtbar. Aber warten Sie noch ein wenig ab. Hoffentlich haben Sie von allen eingereichten Unterlagen die Kopien behalten und können somit jederzeit Ihre Staatsangehörigkeit nachweisen. Der Antrag ist der Vertrag. Der Staatsangehörigkeitsausweis die Quittung. Nur diese haben Sie eben noch nicht erhalten.

Sobald die legitimen Kräfte hinter unserer Scheinregierung das Ruder übernommen haben, werden auch Sie Ihren Ausweis erhalten. Bis dahin bitte noch etwas Zuversicht und Geduld.

2. <u>Zweites Schreiben[2]:</u>

Ja, wir leben in spannenden Umbruchzeiten.

An sich meinte ich, dass ein Verwaltungsgerichtsurteil, dass das berechtigte Feststellungsinteresse legalisieren soll, wie es bereits solche Urteile gibt, völlig windig und rechtlich langfristig nicht haltbar ist.

Dass in Ihrem Fall diese Streitwerte aufgerufen werden ist mir bekannt. Es bringt aber nichts solch ein Verfahren zu führen, solange wir noch eine teilweise korrupte Justiz haben.

Unter dem Strich ist es trotzdem positiv. Sie haben alles richtig gemacht und müssen nun noch etwas abwarten, bis es möglich sein wird, die Staatsangehörigkeitsausweise zu bekommen.

---

[2] 22.08.2020

3. Drittes Schreiben[3]:

Nicht verzweifeln.

Die Klage zurückziehen und abwarten.

[3] 28.08.2020

4. Viertes Schreiben[4]:

Ob Sie den kompletten Betrag zurückerhalten, wenn Sie die Klage zurückziehen, müssen Sie vorab klären.

Wenn Sie ein gutes Gefühl haben, entgegen meiner rechtlichen Schilderung der Situation, dann ziehen Sie es durch und hoffen auf ein entsprechendes Urteil.

Viel Glück bei Ihrer Entscheidung.

[4] 03.09.2020

5. Fünftes Schreiben[5]:

Sie können mir ja gerne Ihr Schreiben zukommen lassen. Jedoch ändert dies nichts an Ihrer Situation.

Ob der Großherzog, das was er vorgibt zu sein, auch der Wahrheit entspricht, darf bezweifelt werden ...

---

[5] 07.09.2020

6. Sechstes Schreiben[6]:

Nun haben Sie ja die ganze Verwaltung aufgeklärt. Jedenfalls kann jetzt keiner mehr sagen, er habe von nichts gewusst ...

Wer jedoch diesen Job ausführt, muss es kraft seiner Tätigkeit wissen. Weiß er es nicht oder handelt vorsätzlich gegen das Wissen, muss er strafrechtlich verfolgt werden. Sie können nun dieses ganze Amt und das Verwaltungsgericht anzeigen.

Der Sachbearbeiter schreibt Ihnen, Sie und Ihre Kinder hätten die Staatsangehörigkeit nach §§ 1., 3. 4 erworben. Dies ist so nicht richtig. Hier hätte stehen müssen:

§§ 1., 3.1, 4.1

Wenn er von erworben spricht, heißt dies im Umkehrschluss, dass Ihnen das Dokument ausgehändigt worden ist, Sie folglich im Besitz dessen sein müssten. Dies ist jedoch nicht der Fall.

Daher bestehen Sie nun endlich auf die Herausgabe Ihres Staatsangehörigkeitsausweises.

Wenn er Ihnen schon so eine Steilvorlage bietet, dann sollten Sie diese auch umsetzen ...

---

[6] 18.09.2020

7. Siebtes Schreiben[7]:

Genau dafür hatte ich Ihnen die Zeilen geschrieben …

Viel Erfolg.

[7] 22.09.2020

8. Achtes Schreiben[8]:

Natürlich werden die „Beamten" von Ihrem Schreiben nicht begeistert sein. Aber das wussten Sie ja. Wenn Sie es durchsetzen möchten, dann geht das nur in Ihrer Eigenverantwortung. Im Recht sind Sie.

Viel Glück und viel Erfolg.

[8] 24.09.2020

9. <u>Neuntes Schreiben[9]:</u>

Es ist nicht nur sinnvoll, dort zu erscheinen, sondern sie MÜSSEN dort erscheinen, sonst wird garantiert gegen Sie entschieden.

Hatten Sie nicht einen Anwalt, der diesen Prozess gestartet hat?

---

[9] 19.10.2020

## 10. Zehntes Schreiben[10]:

Da müssen Sie jetzt alleine durch. Sie haben alle Sachkenntnis und wollten den Prozess. Jetzt ist er da.

Glücklicherweise hat sich bei Gericht schon des Öfteren der Wind gedreht. Vielleicht haben Sie Glück.

Einen Anwalt können Sie hier nicht gebrauchen, da er sonst von der Kammer ausgeschlossen wird, wenn er Ihre Interessen vertritt. Aber das hatte ich ja schon erklärt.

Ich selbst kann Sie nicht vertreten, da ich hier nicht in der Öffentlichkeit auftreten kann.

Gehen Sie möglichst ruhig zur Verhandlung. Mehr als das abgelehnt wird, kann ja nicht passieren.

Und dann hat die Behörde trotzdem die Anträge angenommen ...

Viel Glück und Erfolg.

---

[10] 20.10.2020

## 11. Elftes Schreiben[11]:

Es ist schon seltsam, dass die Gegenseite eine Frau des Gesundheitsamtes einberuft. Habe noch nie gehört, dass wegen zu viel Arbeit ein Gerichtstermin abgesagt werden kann.

Auf jeden Fall hingehen.

Wenn die Gegenseite nicht erscheint, kann dies nur für Sie von Vorteil sein.

Ich drücke Ihnen die Daumen,

viel Erfolg.

[11] 01.11.2020

## 12. Zwölftes Schreiben[12]:

Wie Sie wissen, ändern sich die Zeiten. Auch wenn es eine im Vorfeld abgesprochene Sache sein sollte, werden Sie nicht gesetzesbrüchig und erscheinen besser, auch wenn es umsonst sein sollte.

Sollte die Gegenseite in der Verhandlung bei Ihnen versuchen Druck aufzubauen, bleiben Sie bei sich und lassen Sie sich nicht auf irgendeinen faulen Kompromiss ein.

Wenn bis Freitag zum Dienstschluss keine Absage vorlag, dann müssen Sie davon ausgehen, dass die Verhandlung stattfindet.

Alleine die Tatsache, dass das Gericht versucht hat, die mündliche Verhandlung abzusetzen, heißt doch, dass sie Angst haben ein Urteil zu fällen.

Ich finde Ihren Mut bewundernswert und wünsche Ihnen morgen viel Erfolg. Vielleicht werden es Ihnen Ihre Kinder einmal später danken …

Viel Glück.

[12] 02.11.2020

## 13. Dreizehntes Schreiben[13]:

Sie haben alles richtig gemacht. Sie waren bereit zu erscheinen. Und den Termin ohne Sie vorsprechen zu lassen, obwohl Sie bis heute geladen waren, ist reine Willkür und bestätigt die haltlose Rechtssituation in der wir uns befinden.

Allein das Schreiben von heute mit der Absage für den gleichen Tag ist Rechtsgeschichte ...

Dennoch wird ein Urteil gefällt, hoffentlich. Denn egal wie es ausgeht, darauf wird man bauen können.

Dann bin ich mal gespannt, was als nächstes kommt ...

---

[13] 02.11.2020

## 14. Vierzehntes Schreiben[14]:

Leider ist das Verfahren so gelaufen, wie ich es Ihnen geschildert habe, bevor Sie sich dann doch entschieden haben durchzuziehen …

Das ganze Verfahren ist ein Witz. Aber das wissen Sie ja. Dass neuerdings sogar Hausfrauen Richter spielen dürfen ist mir neu. Auch in so einer komplizierten Sache, vollkommen Ahnungslose einzusetzen, beweist natürlich wieder einmal die Willkür, die wir hier erleben müssen.

Das Verwaltungsgericht basiert auf Verordnungen. Nicht auf gültigen Gesetzen. Von daher konnten Sie das Verfahren noch abbügeln, weil Sie selbst noch keine Staatsbürgerin sind und somit noch als Staatenlose rechtlos abgewickelt werden konnten.

Leider ist das Verwaltungsgericht vor Ort demnach offensichtlich noch nicht neu besetzt und handelt gesetzwidrig.

Ihre Angelegenheit ist nun ein Fall für das Militärgericht. Denn offensichtlich wurde hier ein gültiges Gesetz, RuStAg, gebrochen, das durch Verordnungen nachträglich nicht verändert werden darf.

Es ist sinnlos, weiter im Rahmen des Verwaltungsgerichtsverfahrens, vorzugehen. Vielleicht ist es aber

---

[14] 11.11.2020

sinnvoll trotzdem Berufung einzulegen, um den Prozess aufrecht zu erhalten und jetzt keine Kosten zahlen zu müssen.

Wenn die Bedeutung des Staatsangehörigkeitsausweises doch so gering ist, wie kann denn dann der Streitwert auf 50.000,- Euro festgesetzt werden?

Die Zeiten ändern sich gerade. Warten Sie ab. Dann könnte sich alles ändern, auch Ihr Fall.

Es tut mir leid. Aber beruhigen Sie sich erst einmal und überlegen dann in Ruhe wie Sie weiter vorgehen möchten.

## 15. Fünfzehntes Schreiben[15]:

Zu Anfang schrieb ich Ihnen, dass es wahrscheinlich sinnlos ist, sich vor dem Verwaltungsgericht zu streiten. Dies ist die Verwaltungsebene der Verordnungen.

Da Sie aber den Staatsangehörigkeitsausweis auf der gesetzlichen, hoheitlichen Ebene nach RuStAG abgeleitet haben, wäre es auch sinnvoll, den Bürgermeister oder Landrat persönlich in die Haftung zu nehmen, falls er die sofortige Ausstellung verweigert. Dies haben wir schon mit einem Gerichtsvollzieher der dem Landrat dieses Schreiben persönlich zugestellt hat, erreicht.

Noch einmal zur Erklärung. Das heutige StAG hat nach wie vor das Entstehungsdatum des 22.07.1913. Damals gab es noch hoheitliche Gesetze, die heute nicht durch Verordnungen der BRD aufgehoben werden können.

Deswegen versucht man immer die Antragsteller auf die Verordnungsebene abzuschieben und wer nicht mit extrem viel Druck arbeitet, hat dann, wenn politischer Widerstand da ist, auf dieser Ebene keine Chance.

Um den Landrat jedoch zu der Ausstellung anzuweisen, muss der Antrag zu 100% richtig ausgefüllt sein. (Nach welcher Ausfüllhilfe haben Sie die Staatsangehörigkeitsausweise beantragt?)

[15] 17.11.2020

Desweiteren kann ich Ihnen diesen Weg jedoch auch nicht wirklich empfehlen, da Sie minderjährige Kinder haben. Wenn Sie Druck aufbauen, könnte es sein, dass das Jugendamt vor der Türe steht. Und das wollen wir ja nicht.

Bewahren Sie alle Unterlagen gut auf und lassen Sie sich diese möglichst von Zeugen gegenzeichnen. Warten Sie ab. Es tut sich extrem viel. Mal schauen, wie lange es die BRD überhaupt noch gibt …

16. <u>Sechzehntes Schreiben</u>[16]:

Offensichtlich haben Sie eine Ausfüllhilfe verwendet, die die Probleme verursacht hat. Wenn Sie als Ihren Geburtsstaat Preußen angeben, akzeptieren Sie nach deren Einstellung nicht die BRD, da Sie nicht in Preußen geboren sein können. Denn als Die geboren wurden, hieß das Gebiet zweifelsfrei Deutschland und das Bundesland entsprechend.

Weil Sie es so beantragt haben, geht nun die Verwaltung davon aus, dass Sie eine sogenannte Reichsbürgerin sind.

Von daher wäre es zur Zeit sinnvoll, wirklich abzuwarten, damit Sie sich selbst und Ihre Kinder nicht gefährden.

Es kommen wieder bessere Zeiten.

Bis dahin Alles Gute.

---

[16] 17.11.2020

## II. Anwaltssuche:

### 1. Erstes Schreiben an den ersten Anwalt[17]:

Sehr geehrter Herr RA,

angehängtes Urteil erhielt ich gegen Zustellungsurkunde.

Innerhalb eines Monats kann ich die Zulassung der Berufung durch das OVG beantragen.

Dabei muss ich mich jedoch „durch einen Rechtsanwalt oder eine sonstige nach Maßgabe des § 67 VwGO vertretungsbefugte Person oder Organisation vertreten lassen."

Soeben habe ich herausgefunden, dass Sie für die Grundrechte einstehen. Hierbei geht es um das Grundrecht der Beantragung bzw. Feststellung der deutschen Staatsangehörigkeit.

Ob Sie mich (und meine Kinder) bzw. meine und unsere Grundrechte in diesem Fall juristisch vertreten können?

Mit freundlichen Grüßen

Klägerin

---

[17] 11.11.2020

2. Zweites Schreiben an den ersten Anwalt[18]:

Sehr geehrter Herr RA,

wesentlich einfacher (und deutlich kostengünstiger) wäre es hingegen, wenn Sie mich innerhalb eines Schreibens nach meiner dt. Staatsangehörigkeit fragen bzw. verlangen, dass ich diese mittels eines Staatangehörigkeitsausweises zu beweisen habe, da Sie ansonsten selbige anzweifeln – dann läge mir das damit bereits das geforderte „Sachbescheinigungsinteresse“ vor.

Ich hoffe auf Ihre baldige Antwort.

Mit freundlichen Grüßen

Klägerin

[18] 11.11.2020

3. Drittes Schreiben an den ersten Anwalt[19]:

Sehr geehrter Herr RA,

selbst wenn Sie keine „nach Maßgabe des § 67 VwGO vertretungsbefugte Person oder Organisation“ wären, so sind Sie doch ein Rechtsanwalt.

Und zwar einer, dessen Kanzlei „um Aufklärung der Bevölkerung auf verschiedenen Rechtsgebieten bemüht“ ist und der den Fall bestreiten könnte.

Sollte ich in Ihrer Kanzlei einen Telefontermin vereinbaren oder können Sie mir vorweg schon mitteilen, ob Sie den Fall übernehmen wollen?

Mit freundlichen Grüßen

Klägerin

[19] 11.11.2020

Verwaltungsgerichtsordnung[20]

Teil II - Verfahren (§§ 54 - 123)

7. Abschnitt - Allgemeine Verfahrensvorschriften (§§ 54 - 67a)

Gliederung

§ 67
**[Postulationsfähigkeit; Bevollmächtigte und Beistände]**

(1) Die Beteiligten können vor dem Verwaltungsgericht den Rechtsstreit selbst führen.

(2) 1Die Beteiligten können sich durch einen Rechtsanwalt oder einen Rechtslehrer an einer staatlichen oder staatlich anerkannten Hochschule eines Mitgliedstaates der Europäischen Union, eines anderen Vertragsstaates des Abkommens über den Europäischen Wirtschaftsraum oder der Schweiz, der die Befähigung zum Richteramt besitzt, als Bevollmächtigten vertreten lassen. 2Darüber hinaus sind als Bevollmächtigte vor dem Verwaltungsgericht vertretungsbefugt nur

1. Beschäftigte des Beteiligten oder eines mit ihm verbundenen Unternehmens (§ 15 des Aktiengesetzes); Behörden und juristische Personen des öffentlichen Rechts einschließlich der von ihnen zur Erfüllung ihrer öffentlichen Aufgaben gebildeten Zusammenschlüsse können sich auch durch

[20] Vgl. https://dejure.org/gesetze/VwGO/67.html

Beschäftigte anderer Behörden oder juristischer Personen des öffentlichen Rechts einschließlich der von ihnen zur Erfüllung ihrer öffentlichen Aufgaben gebildeten Zusammenschlüsse vertreten lassen,

2. volljährige Familienangehörige (§ 15 der Abgabenordnung, § 11 des Lebenspartnerschaftsgesetzes), Personen mit Befähigung zum Richteramt und Streitgenossen, wenn die Vertretung nicht im Zusammenhang mit einer entgeltlichen Tätigkeit steht,

3. Steuerberater, Steuerbevollmächtigte, Wirtschaftsprüfer und vereidigte Buchprüfer, Personen und Vereinigungen im Sinn des § 3a des Steuerberatungsgesetzes sowie Gesellschaften im Sinn des § 3 Nr. 2 und 3 des Steuerberatungsgesetzes, die durch Personen im Sinn des § 3 Nr. 1 des Steuerberatungsgesetzes handeln, in Abgabenangelegenheiten,

4. berufsständische Vereinigungen der Landwirtschaft für ihre Mitglieder,

5. Gewerkschaften und Vereinigungen von Arbeitgebern sowie Zusammenschlüsse solcher Verbände für ihre Mitglieder oder für andere Verbände oder Zusammenschlüsse mit vergleichbarer Ausrichtung und deren Mitglieder,

6. Vereinigungen, deren satzungsgemäße Aufgaben die gemeinschaftliche Interessenvertretung, die Beratung und Vertretung der Leistungsempfänger nach dem sozialen

Entschädigungsrecht oder der behinderten Menschen wesentlich umfassen und die unter Berücksichtigung von Art und Umfang ihrer Tätigkeit sowie ihres Mitgliederkreises die Gewähr für eine sachkundige Prozessvertretung bieten, für ihre Mitglieder in Angelegenheiten der Kriegsopferfürsorge und des Schwerbehindertenrechts sowie der damit im Zusammenhang stehenden Angelegenheiten,

7. juristische Personen, deren Anteile sämtlich im wirtschaftlichen Eigentum einer der in den Nummern 5 und 6 bezeichneten Organisationen stehen, wenn die juristische Person ausschließlich die Rechtsberatung und Prozessvertretung dieser Organisation und ihrer Mitglieder oder anderer Verbände oder Zusammenschlüsse mit vergleichbarer Ausrichtung und deren Mitglieder entsprechend deren Satzung durchführt, und wenn die Organisation für die Tätigkeit der Bevollmächtigten haftet.

3Bevollmächtigte, die keine natürlichen Personen sind, handeln durch ihre Organe und mit der Prozessvertretung beauftragten Vertreter.

(3) 1Das Gericht weist Bevollmächtigte, die nicht nach Maßgabe des Absatzes 2 vertretungsbefugt sind, durch unanfechtbaren Beschluss zurück. 2Prozesshandlungen eines nicht vertretungsbefugten Bevollmächtigten und Zustellungen oder Mitteilungen an diesen Bevollmächtigten sind bis zu seiner Zurückweisung wirksam. 3Das Gericht kann den in Absatz 2 Satz 2 Nr. 1 und 2 bezeichneten Bevollmächtigten durch unanfechtbaren Beschluss die

weitere Vertretung untersagen, wenn sie nicht in der Lage sind, das Sach- und Streitverhältnis sachgerecht darzustellen.

(4) 1Vor dem Bundesverwaltungsgericht und dem Oberverwaltungsgericht müssen sich die Beteiligten, außer im Prozesskostenhilfeverfahren, durch Prozessbevollmächtigte vertreten lassen. 2Dies gilt auch für Prozesshandlungen, durch die ein Verfahren vor dem Bundesverwaltungsgericht oder einem Oberverwaltungsgericht eingeleitet wird. 3Als Bevollmächtigte sind nur die in Absatz 2 Satz 1 bezeichneten Personen zugelassen. 4Behörden und juristische Personen des öffentlichen Rechts einschließlich der von ihnen zur Erfüllung ihrer öffentlichen Aufgaben gebildeten Zusammenschlüsse können sich durch eigene Beschäftigte mit Befähigung zum Richteramt oder durch Beschäftigte mit Befähigung zum Richteramt anderer Behörden oder juristischer Personen des öffentlichen Rechts einschließlich der von ihnen zur Erfüllung ihrer öffentlichen Aufgaben gebildeten Zusammenschlüsse vertreten lassen. 5Vor dem Bundesverwaltungsgericht sind auch die in Absatz 2 Satz 2 Nr. 5 bezeichneten Organisationen einschließlich der von ihnen gebildeten juristischen Personen gemäß Absatz 2 Satz 2 Nr. 7 als Bevollmächtigte zugelassen, jedoch nur in Angelegenheiten, die Rechtsverhältnisse im Sinne des § 52 Nr. 4 betreffen, in Personalvertretungsangelegenheiten und in Angelegenheiten, die in einem Zusammenhang mit einem gegenwärtigen oder früheren Arbeitsverhältnis von Arbeitnehmern im Sinne des § 5 des Arbeitsgerichtsgesetzes stehen, einschließlich Prüfungsangelegenheiten. 6Die in Satz 5 genannten

Bevollmächtigten müssen durch Personen mit der Befähigung zum Richteramt handeln. 7Vor dem Oberverwaltungsgericht sind auch die in Absatz 2 Satz 2 Nr. 3 bis 7 bezeichneten Personen und Organisationen als Bevollmächtigte zugelassen. 8Ein Beteiligter, der nach Maßgabe der Sätze 3, 5 und 7 zur Vertretung berechtigt ist, kann sich selbst vertreten.

(5) 1Richter dürfen nicht als Bevollmächtigte vor dem Gericht auftreten, dem sie angehören. 2Ehrenamtliche Richter dürfen, außer in den Fällen des Absatzes 2 Satz 2 Nr. 1, nicht vor einem Spruchkörper auftreten, dem sie angehören. 3Absatz 3 Satz 1 und 2 gilt entsprechend.

(6) 1Die Vollmacht ist schriftlich zu den Gerichtsakten einzureichen. 2Sie kann nachgereicht werden; hierfür kann das Gericht eine Frist bestimmen. 3Der Mangel der Vollmacht kann in jeder Lage des Verfahrens geltend gemacht werden. 4Das Gericht hat den Mangel der Vollmacht von Amts wegen zu berücksichtigen, wenn nicht als Bevollmächtigter ein Rechtsanwalt auftritt. 5Ist ein Bevollmächtigter bestellt, sind die Zustellungen oder Mitteilungen des Gerichts an ihn zu richten.

(7) 1In der Verhandlung können die Beteiligten mit Beiständen erscheinen. 2Beistand kann sein, wer in Verfahren, in denen die Beteiligten den Rechtsstreit selbst führen können, als Bevollmächtigter zur Vertretung in der Verhandlung befugt ist. 3Das Gericht kann andere Personen als Beistand zulassen, wenn dies sachdienlich ist und hierfür nach den Umständen des Einzelfalls ein Bedürfnis besteht. 4Absatz 3 Satz 1 und 3 und Absatz

5 gelten entsprechend. 5Das von dem Beistand Vorgetragene gilt als von dem Beteiligten vorgebracht, soweit es nicht von diesem sofort widerrufen oder berichtigt wird.

*Fassung aufgrund des Gesetzes zur Umsetzung der Dienstleistungsrichtlinie in der Justiz und zur Änderung weiterer Vorschriften vom 22.12.2010 (BGBl. I S. 2248), in Kraft getreten am 28.12.2010*

4. Erstes Schreiben des ersten Anwalts[21]:

Betrifft: Urteil des Verwaltungsgerichts vom 06.11.2020

Sehr geehrte Klägerin!

In Beantwortung Ihres Schreibens vom 11.11.2020 darf ich darauf verweisen, dass für die Beurteilung Ihrer Angelegenheit deutsches Recht anwendbar ist, sodass Sie für Ihre Vertretung einen in Deutschland ortsansässigen Rechtsanwalt beauftragen mögen.

Ich zeichne mit freundlichen Grüßen

Rechtsanwalt

[21] 12.11.2020

## 5. Viertes Schreiben an den ersten Anwalt[22]:

Sehr geehrter Herr RA,

ich habe mich an Ihrem Ratschlag orientiert

und im hiesigen Land nach Anwälten Ausschau gehalten.

Der Ausländerrechtler befindet sich im Ausland und kehrt erst nach Fristablauf zurück.

Der Verwaltungsrechtler ist entweder befangen oder in Unkenntnis der Bedeutung der Materie.

Im Anhang sende ich Ihnen noch einmal a) das Urteil des Verwaltungsgerichts zur Kenntnisnahme und darüber hinaus b) meine Klage gegen den Widerspruchsbescheid, der Sie entnehmen können, worum es hier geht.

Der Vorwand, es würde lediglich um die Ermangelung eines sog. „Sachbescheidungsinteresses" gehen, dient lediglich der Abwiegelung.

Anhand des Verfahrenswertes in Höhe von 50.000,00 EUR dürfte selbst einem Laien ersichtlich werden, welches Ausmaß der Bedeutung das Ganze hat.

[22] 28.11.2020

Ich bitte Sie hiermit noch einmal, mich und meine vier minderjährigen Kinder in der Angelegenheit zu vertreten, a) da ich ohne Vertretung nicht weiter vorgehen kann, b) gerade weil Sie sich AUSSERHALB der ganzen landesinternen juristischen Befangenheit befinden und daher auch VON AUSSEN hoffentlich unbefangen darin agieren können.

Den Mut / den Schneid haben Sie, das Stehvermögen / den Sachverstand haben Sie, das Mandat kriegen Sie und ich hoffe diesbezüglich auf Ihre Einsatzbereitschaft.

Mit freundlichen Grüßen

Klägerin

## 6. Zweites Schreiben des ersten Anwalts[23]:

Betrifft: Ihr Schreiben vom 28.11.2020

Sehr geehrte Klägerin!

Ich nehme Bezug auf Ihr Schreiben vom 28.11.2020.

Ich ersuche Sie um Verständnis, dass ich Ihre Vertretung vor dem Verwaltungsgericht nicht übernehmen kann. Ich bin ausländischer Rechtsanwalt und müsste erst eine Zulassung in Deutschland beantragen, was nicht meinem Tätigkeitsbereit und der mir zur Verfügung stehenden Zeit entspricht.

Ich empfehle Ihnen dringend, einen in Deutschland ansässigen Rechtsanwalt mit Ihrer Vertretung zu beauftragen und zeichne

mit freundlichen Grüßen

Rechtsanwalt

[23] 12.11.2020

## 7. Erstes Schreiben an den zweiten Anwalt[24]:

Sehr geehrter Herr RA,

mit der Bitte um Mandatsübernahme

und freundlichen Grüßen

Klägerin

[24] 11.11.2020

## 8. Erstes Schreiben des zweiten Anwalts[25]:

Sehr geehrte Frau Klägerin!

Da ich bis zum 30.11.2020 im Ausland bin, kann ich Ihren Fall leider nicht übernehmen. Wenden Sie sich bitte an ein anderes Anwaltsbüro Ihres Vertrauens.

Mit freundlichen Grüßen

Rechtsanwalt

---

[25] 11.11.2020

## 9. Erstes Schreiben an den zweiten Anwalt[26]:

Sehr geehrter Herr RA,

vielleicht komme ich Ende November oder Anfang Dezember nochmal auf Sie zu. Die Frist lautet: 1 Monat ab Zustellung.

und freundlichen Grüßen

Klägerin

[26] 11.11.2020

## 10. Zweites Schreiben des zweiten Anwalts[27]:

Sehr geehrte Frau Klägerin!

Da ich Anfang / Mitte Dezember noch zwei Treffen in Angola und Sambia habe (wieder einmal Ausländerrecht) und vermutlich über Zimbabwe oder Adis Abeba später zurück fliege, klappt das alles nicht mit dem Mandat. Das nächste Mal gern. Bitte wenden Sie sich an ein anderes Büro.

Mit freundlichen Grüßen

Rechtsanwalt

[27] 12.11.2020

## 11. Erstes Schreiben an den dritten Anwalt[28]:

Sehr geehrter Herr RA,

Sie sind Fachanwalt für Verwaltungsrecht (FAVerwR), zuständig für Verfassung und Grundrechte.

Diesbezüglich habe ich eine Frage an Sie: können Sie mir in angehängter Angelegenheit weiter helfen?

Mit freundlichen Grüßen

Klägerin

[28] 12.11.2020

## 12. Erstes Schreiben des dritten Anwalts[29]:

Sehr geehrte Frau Klägerin,

bitte teilen Sie uns doch noch mit, unter welchen Telefonnummern und zu welchen Zeiten Sie fernmündlich erreichbar sind. Wir setzen uns dann gerne mit Ihnen telefonisch in Verbindung.

Mit freundlichen Grüßen

Ihre Fachanwaltskanzlei

[29] 12.11.2020

## 13. Zweites Schreiben an den dritten Anwalt[30]:

Sehr geehrter Herr RA,

anbei die eingereichte Begründung.

Mit freundlichen Grüßen

Klägerin

[30] 20.11.2020

## 14. Zweites Schreiben des dritten Anwalts[31]:

Sehr geehrte Frau Klägerin,

für Ihre Zuschrift danke ich Ihnen.

Ich hatte Ihnen in unserem Telefonat am 13.11.2020 ausführlich erklärt, warum ich für Ihre Klage bei der derzeitigen Sachlage keine hinreichenden Erfolgsaussichten sehe.

Daran ändern auch Ihre Ausführungen zu einer evtl. Klage vor dem Verwaltungsgericht nichts.

Aufgrund der momentan sehr starken zeitlichen Auslastung der Kanzlei ist es uns jetzt und auch in den kommenden Wochen nicht möglich, das Mandat zu übernehmen.

Im weiteren Verlauf des Jahres 2021 oder später könnte sich die Situation insofern ändern.

Wir bedauern, Ihnen keine günstigere Mitteilung machen zu können und verbleiben

Mit freundlichen Grüßen

Ihre Fachanwaltskanzlei

[31] 20.11.2020

## 15. Drittes Schreiben an den dritten Anwalt[32]:

Sehr geehrter Herr RA,

heute erhalte ich Post vom Oberverwaltungsgericht (siehe Anhang).

Ich weiß, dass es Ihnen "[a]ufgrund der momentan sehr starken zeitlichen Auslastung der Kanzlei [...] jetzt und auch in den kommenden Wochen nicht möglich [ist], das Mandat zu übernehmen."

Bitte teilen Sie mir kurzfristig mit, welchen Ihrer Anwaltskollegen Sie mir in dieser Angelegenheit empfehlen können, damit ich jetzt nicht alle der Reihe nach vergeblich anschreiben muss ...

Mit freundlichen Grüßen

Beschwerdeführerin

P.S.:

noch eine fachliche Frage:

ich hatte lediglich eine "Beschwerde" (gegen den Beschluss der Festsetzung des Streitgegenstandswertes vom 50.000,00 €) eingereicht (siehe Anhang).

---

[32] 02.12.2020

Das Oberverwaltungsgericht hat dies im Schriftsatz nun in eine "Zulassung der Berufung" gewandelt. Ist dies rechtsgültig?

Immerhin habe ich - aus Ermangelung einer mich und (die Rechte) meine(r) Kinder vertretenden Kanzlei - ausdrücklich keinerlei "Zulassung der Berufung" beantragt!

## 16. Erstes Schreiben an den vierten Anwalt[33]:

**Eilt: Fristablauf!**

Sehr geehrter Herr Rechtsanwalt,

ich habe eine Frage: können Sie mir in oben angehängter Angelegenheit behilflich sein?

Mit freundlichen Grüßen

Klägerin

[33] 02.12.2020

## III. Kostenfestsetzungsbeschluss:

### 1. Schreiben des Verwaltungsgerichts[34]:

**Verwaltungsgericht**

Kammer

Die Geschäftsstelle

**Aktenzeichen**

**Verwaltungsrechtsstreit**

wegen Feststellung der Staatsangehörigkeit

Sehr geehrte Frau Klägerin,

anliegend wird eine Abschrift des Kostenfestsetzungsbeschlusses vom 12. November 2020 übersandt.

Abschrift des Kostenfestsetzungsantrages vom 9. November 2020 ist zur Kenntnisnahme beigefügt.

---

[34] 12.11.2020

Mit freundlichen Grüßen

Auf Anordnung

Justizbeschäftigte

2. Kostenfestsetzungsbeschluss des Verwaltungsgerichts[35]:

**Aktenzeichen**

**VERWALTUNGSGERICHT**

**KOSTENFESTSETZUNGSBESCHLUSS**

In dem Verwaltungsrechtsstreit

1. Der Frau Klägerin
2. Des ersten Kindes, vertreten durch die Mutter
3. Des zweiten Kindes, vertreten durch die Mutter
4. Des dritten Kindes, vertreten durch die Mutter
5. Des vierten Kindes, vertreten durch die Mutter

- Kläger -

gegen

den Landkreis, vertreten durch den Landrat

[35] 12.11.2020

- Beklagter -

w e g e n Feststellung der Staatsangehörigkeit

hat die Kammer des Verwaltungsgerichts am 12. November 2020 durch die Urkundsbeamtin beschlossen:

Aufgrund der Entscheidung des Verwaltungsgerichts vom 2. November 2020 werden die von den Klägern an den Beklagten zu zahlenden Kosten auf

**20,00 €**

(in Worten: Zwanzig 00/100 Euro)

festgesetzt.

Die oben bezeichnete Gerichtsentscheidung ist wegen der Kosten vorläufig vollstreckbar.

## G r ü n d e

Die Festsetzung der Kosten erfolgt auf Antrag des Beklagten vom 9. November 2020, auf den hiermit Bezug genommen wird.

Das Kostenfestsetzungsgesuch ist zulässig und begründet, denn die geltend gemachten Kosten sind notwendig im Sinne von § 162 Abs. 1 VwGO und deshalb von der kostenpflichtigen Partei zu erstatten.

Eine Anhörung konnte unterbleiben, denn im Kostenfestsetzungsverfahren ist die vorherige Gewährung des rechtlichen Gehörs entbehrlich, wenn sich die Pflicht zur Erstattung einzelner Gebühren eindeutig aus dem Gesetz ergibt (vgl. OLG Stuttgart, Beschluss vom 10. Juli 1973 – 8 W 135/73 -, Rpfleger 1973, 26).

**Rechtsbehelfsbelehrung**

Gegen diesen Beschluss kann innerhalb von zwei Wochen nach seiner Zustellung die Entscheidung des Verwaltungsgerichts beantragt werden. Der Antrag, der keine aufschiebende Wirkung hat, ist schriftlich, nach Maßgabe des § 55a VwGO als elektronisches Dokument oder zu Protokoll des Urkundsbeamten der Geschäftsstelle des Verwaltungsgerichts zu stellen (§§ 151, 165 VwGO).

Für die Zwangsvollstreckung aus diesem Beschluss bedarf es keiner Vollstreckungsklausel (§§ 169, 170, 171 VwGO).

Justizoberinspektorin

Beglaubigt

Justizbeschäftigte

Als Urkundsbeamtin der Geschäftsstelle

3. Kostenfestsetzungsantrag des Beklagten[36]:

**Kreisrechtsausschuss**

**Aktenzeichen**

**Verwaltungsrechtsstreit der Klägerin gegen den Landkreis**

**Vertreten durch den Landrat wegen Staatsangehörigkeitsrecht**

**Ihr Aktenzeichen**

**KOSTENFESTSETZUNGSANTRAG**

Sehr geehrte Damen und Herren,

in dem o.a. Verwaltungsrechtsstreit wurde das Verfahren vor dem Verwaltungsgericht durch Urteil des Verwaltungsgerichts abgeschlossen und den Klägern die Kosten des Verfahrens auferlegt.

[36] 09.11.2020

Wir beantragen hiermit gemäß §§ 162 und 164 VwGO in Verbindung mit § 5 des Justizvergütungs- und –entschädigungsgesetz (JVEG) folgende Kosten gegen die Klägerin festzusetzen und den Beteiligten zuzustellen:

- Post- und Telekommunikationspauschale (§ 162 Abs. 2 Satz 3 VwGO) 20,00 €

- **Summe = 20,00 €**

Mit freundlichen Grüßen

Im Auftrag

(Sachbearbeiterin)

## IV. Haftung:

### 1. Schreiben an das Verwaltungsgericht[37]:

**Aktenzeichen**

**BGB § 823 Schadensersatzpflicht**

**BGB § 839 Haftung bei Amtspflichtverletzung**

**Verwaltungsrechtsstreit wegen Feststellung der Staatsangehörigkeit**

Sehr geehrte Damen und Herren,

hiermit wird folgenden Teilnehmenden an der Beratung vom 2. November 2020 der Kammer des Verwaltungsgerichts die vollumfängliche Haftung und Verpflichtung zum Schadensersatz auferlegt:

- **Vorsitzender Richter am Verwaltungsgericht**
- **Richter am Verwaltungsgericht**
- **Richterin**
- **Ehrenamtliche Richterin Hausfrau**
- **Ehrenamtlicher Richter Bankkaufmann a.D.**

---

[37] 25.11.2020

Mit freundlichen Grüßen

Beschwerdeführerin

## V. Beschwerde:

### 1. Schreiben an das Oberverwaltungsgericht[38]:

**Aktenzeichen**

**Beschwerde an das Oberverwaltungsgericht**

**Verwaltungsrechtsstreit wegen Feststellung der Staatsangehörigkeit**

Sehr geehrte Damen und Herren,

hiermit erhebe ich Beschwerde gegen die Entscheidung der Kammer des Verwaltungsgerichts aufgrund der Beratung vom 2. November 2020, an der teilgenommen haben

- Vorsitzender Richter am Verwaltungsgericht
- Richter am Verwaltungsgericht
- Richterin
- Ehrenamtliche Richterin Hausfrau
- Ehrenamtlicher Richter Bankkaufmann a.D.

Mit freundlichen Grüßen

Beschwerdeführerin

[38] 25.11.2020

2. Schreiben des Oberverwaltungsgerichts[39]:

**Oberverwaltungsgericht**

Senat

Der Vorsitzende

**Aktenzeichen**

**Verwaltungsrechtsstreit**

wegen Feststellung der Staatsangehörigkeit

hier: Zulassung der Berufung

Sehr geehrte Frau Beschwerdeführerin,

der Antrag auf Zulassung der Berufung ist hier eingegangen und wird unter dem oben genannten Aktenzeichen geführt.

Im Rahmen des Gerichtsverfahrens werden personenbezogene Daten erfasst und gespeichert. Informationen zu Ihren Rechten aus der EU-Datenschutz-Grundverordnung haben wir unter https://ovg.justiz.de/datenschutz bereitgestellt. Auf Wunsch senden wir diese auch in Papierform zu.

---

[39] 30.11.2020

Mit freundlichen Grüßen

Auf Anordnung

Justizbeschäftigte

3. Schreiben an das Oberverwaltungsgericht[40]:

**Aktenzeichen OVG**

Sehr geehrte Frau Justizbeschäftigte,

sehr geehrte Damen und Herren,

Ihr Schreiben vom 30.11.2020 wurde mir mit heutiger Post zugestellt.

Mir stellt sich die Frage, ob es sich hierbei nicht evtl. um ein Missverständnis handelt.

Ich hatte am 25.11.2020 lediglich Beschwerde erhoben und ausdrücklich KEINEN "*Antrag auf Zulassung der Berufung*" gestellt.

Unter anderem auch deshalb, weil ich mich bislang nicht "*durch einen Rechtsanwalt oder eine sonstige nach Maßgabe des § 67 VwGO vertretungsbefugte Person oder Organisation vertreten lassen*" kann.

Mit der Bitte um Aufklärung bzw. Erläuterung

und freundlichen Grüßen

Beschwerdeführerin

[40] 02.12.2020

4. Schreiben des Oberverwaltungsgerichts[41]:

**Oberverwaltungsgericht**

Senat

Der Vorsitzende

**Aktenzeichen**

**Verwaltungsrechtsstreit**

wegen Feststellung der Staatsangehörigkeit

hier: Zulassung der Berufung

Sehr geehrte Frau Beschwerdeführerin,

Sie haben mit Schreiben vom 25. November 2020 „Beschwerde an das Oberverwaltungsgericht“ gegen das Urteil des Verwaltungsgerichts vom 2. November 2020, Aktenzeichen, erhoben. Eine Beschwerde gegen das Urteil des Verwaltungsgerichts ist nach § 146 Abs. 1 VwGO nicht statthaft. Statthaftes Rechtsmittel gegen das Urteil ist ein Antrag auf Zulassung der Berufung, worauf Sie in der dem Urteil beigefügten Rechtsmittelbelehrung zutreffend hingewiesen worden sind. Das

[41] 07.12.2020

von Ihnen als „Beschwerde“ bezeichnete Rechtsmittel ist daher hier zu Ihren Gunsten als Antrag auf Zulassung der Berufung verstanden worden.

In der Rechtsmittelbelehrung des Verwaltungsgerichts sind Sie außerdem auch zutreffend darüber belehrt worden, dass Sie sich vor dem Oberverwaltungsgericht durch einen Rechtsanwalt oder eine sonstige nach Maßgabe des § 67 VwGO vertretungsbefugte Person oder Organisation vertreten lassen müssen. Dies gilt sowohl für die von Ihnen erhobene „Beschwerde“ als auch für einen Antrag auf Zulassung der Berufung, als der Ihre „Beschwerde“ hier verstanden wurde. Diesem Vertretungserfordernis genügt die von Ihnen persönlich mit Schreiben vom 25. November 2020 eingelegte „Beschwerde“ nicht.

Mit freundlichen Grüßen

gez.

Vorsitzender Richter am Oberverwaltungsgericht

Beglaubigt

Justizbeschäftigte

MIX
Papier aus verantwortungsvollen Quellen
Paper from responsible sources
FSC® C105338

Printed by Books on Demand GmbH, Norderstedt / Germany